# NOTICE

# SUR S. J. BEXON

Par M. BOULANGÉ

---

## DISCOURS DE RÉCEPTION

---

Messieurs,

La bienveillance de vos suffrages, en m'ouvrant
l'accès de votre Compagnie, m'a pénétré d'un sentiment dont vos séances solennelles, dans ces
dernières années, ont plusieurs fois entendu les
manifestations; mais, jamais expression de reconnaissance ne fut, plus que dans ma bouche, légitime
et nécessaire. Je suis, moi aussi, l'un de ces exilés
volontaires qui ont, dans la généreuse hospitalité
d'une noble cité, cherché et rencontré une conso-
lation à la douleur d'une séparation inévitable.
L'avocat d'un barreau voisin du vôtre que suppri-
mait et dispersait la conquête, saisi au cours d'une
carrière déjà longue, retrouvait les affectueuses
sympathies d'une nouvelle famille judiciaire; il
éprouvait la douceur et la force du lien que crée le

sentiment de la confraternité. Il lui était réservé de connaître par une expérience personnelle que le titre d'avocat est bien un titre de famille, et bientôt votre indulgence en rehaussait encore à ses yeux la valeur en consentant à l'accepter comme le principal appui de sa candidature. Votre nouvel élu, Messieurs, a trouvé dans vos suffrages un grand honneur et en quelque sorte un conseil pour le choix du sujet que les traditions de votre Compagnie laissaient à sa liberté. La reconnaissance lui a inspiré le désir naturel de relever devant vous le souvenir de l'un des noms qui ont honoré la Lorraine, en même temps que la direction de sa vie concentrée dans l'étude et la pratique d'une science unique, semblait lui imposer le devoir de fixer son attention et de rappeler la vôtre sur un personnage appliqué, dans le cours du siècle dernier, comme magistrat et comme écrivain, au culte des mêmes idées.

Dans la petite ville de Remiremont s'élève une maison remarquée par le bel aspect de sa construction et par l'attrait d'une vue pittoresque ouverte sur la vallée de Remiremont à Ranfaing. C'est cette maison que, dans le court espace de onze années (de 1745 à 1756), venait remplir la naissance de neuf enfants. La tradition du pays a religieusement conservé à cette habitation le nom de la famille qui l'occupait au siècle dernier. On l'appelle encore le château Bexon, comme si un souvenir reconnaissant voulait perpétuer, en l'attachant au sol lui-même, un nom qui a deux fois honoré la cité !

Le second des enfants d'Amé Bexon et de Barbe Pillement, Gabriel-Léopold-Charles-Aimé, né le 10 mars 1747, devait être à Paris surpris par la mort le 15 février 1784 dans l'éclat naissant d'une trop courte carrière. Mais sa nature d'élite avait déjà révélé toute la distinction de son intelligence et laissé les preuves des aptitudes les plus variées. Déjà ses laborieuses recherches avaient réuni les matériaux d'une histoire de la Lorraine et le premier volume, publié en 1777, promettait, si le temps avait permis l'achèvement d'une œuvre si bien commencée, un véritable monument élevé à l'honneur du pays. Voué par le goût le plus vif au culte des sciences naturelles, il avait consacré à leur étude la plus grande part de sa vie : ses travaux, qui unissaient à la profondeur du savoir le charme de l'expression, avaient fixé sur lui l'attention de Buffon dont il était devenu l'un des collaborateurs les plus infatigables et les plus estimés. Aussi, quand, en 1804, le frère puîné de Gabriel adressait à Lacépède, devenu grand chancelier de la Légion d'honneur, l'hommage d'un de ses ouvrages sur la législation criminelle, le savant se plaisait à associer dans un même éloge le nom des deux frères ; il écrivait le 5 janvier : « J'ai lu avec « un bien grand intérêt votre dernier ouvrage sur « la législation ; permettez que l'ancien ami et le

« continuateur de Buffon présente au digne frère
« d'un des plus dignes collaborateurs de ce grand
« homme ses remerciements et ses félicitations. Il
« est donné à votre famille de réunir la célébrité
« de l'homme de lettres aux lumières du savant et
« du fonctionnaire. »

L'auteur de l'ouvrage honoré en 1804 de cet
éloge, Scipion-Jérôme Bexon, le cinquième enfant
de cette nombreuse famille, était né le 8 juin 1750;
au titre d'avocat, son père réunissait les fonctions
de procureur fiscal dans la justice seigneuriale de
Remiremont; il était donc l'un des officiers civils
de ce fameux chapitre dont les chanoinesses se re-
crutaient au sein de la plus haute noblesse de Lorraine et dont les abbesses étaient choisies parmi les
filles des ducs de Lorraine, des empereurs d'Alle-
magne et des rois de France. Ce fut sous sa direction éclairée qu'après de fortes études à Nancy,
Scipion vint placer les premières années de sa jeunesse, et, dès ses débuts, la préférence de ses goûts
se tourna vers l'étude du droit criminel, dont son
esprit curieux s'appliquait à scruter l'histoire, à
suivre les développements, à entrevoir les améliorations, sans d'ailleurs dédaigner l'examen des pe-
tites institutions locales qui fonctionnaient près de
lui. Il en conservait le vif souvenir et, quelques
années plus tard, retrouvait les impressions diverses
que ses observations avaient fait naître. Ainsi,
amené à parler des juges de paix établis comme

tribunaux de conciliation, il reporte sa pensée vers son pays, et se plaît à décrire l'une de ces institutions modestes : « La raison naturelle, dit-il, avait « seule indiqué, dans des temps anciens, cette juri- « diction à quelques hommes éloignés de la corrup- « tion des villes. Il existait à Gérardmer, départe- « ment des Vosges, par un vieil usage conservé « précieusement, une chambre de conciliation com- « posée des plus sages de la contrée. Par une con- « vention tacite, les habitants qui avaient un diffé- « rend entre eux n'auraient osé se présenter en « justice avant d'avoir essayé l'influence de sa juri- « diction. Ce souvenir me fournit l'occasion d'ho- « norer la sagesse des habitants d'un village où « mes ancêtres étaient nés. »

Ces justices locales toutefois n'avaient pas laissé dans l'esprit du jeune avocat des opinions uniformément favorables ; son jugement sur l'une d'elles serait sévère si à la critique ne se mêlait peut-être le léger ressentiment d'une aventure arrivée à l'un de ses confrères, et, d'après la tradition, à Bexon lui-même. « Dans une autre partie des montagnes « des Vosges, dit-il encore, une justice très-ancienne « maintenue par les lois de la province, était tenue « par des prud'hommes que choisissaient les habi- « tants du lieu. Ils jugeaient sous un orme, sur la « place du village, appelée La Bresse. Mais, cette « justice patriarcale avait perdu une partie de son « heureuse simplicité : les chicanes des praticiens

« s'attachèrent aux branches de l'orme, et elle de-
« vint un mauvais tribunal. Des avocats y allaient
« plaider quelquefois : deux d'entre eux s'étant un
« jour permis, dans le cours des plaidoiries, des
« citations en latin, les prud'hommes les condam-
« nèrent en français à une amende pour avoir parlé
« devant eux un langage que, suivant les termes
« de leur sentence, ils n'étaient pas obligés d'en-
« tendre, et, donnant à l'exécution de cette décision
« une sanction immédiate contre les deux impru-
« dents latinistes, ils assurèrent le paiement de
« l'amende par la saisie de leurs chevaux. »

Parvenu à la maturité de la jeunesse, préparé
aux fonctions de la magistrature par les leçons et
les exemples de son père, par l'étude du droit ro-
main, la connaissance approfondie de la législation
française et des législations étrangères, à son titre
d'avocat en parlement, il ajouta celui de procureur
fiscal à Remiremont. C'est la double qualité qu'il
prend dans deux opuscules publiés en 1784 et 1787,
à l'occasion des réceptions faites par la ville aux
deux dernières abbesses qui se succédèrent rapide-
ment à la tête du chapitre, la princesse Charlotte
de Lorraine et la princesse Louise-Adélaïde de Bour-
bon-Condé. L'auteur décrit le déploiement des
pompes, l'éclat des fêtes qui signalèrent la dernière
entrée solennelle de 1787, et trois années après, le
chapitre lui-même n'existait plus.

L'esprit pénétrant de Bexon n'avait pas méconnu

l'imminence de réformes que d'ailleurs approuvaient les tendances de ses convictions personnelles. Il sentait particulièrement la nécessité de substituer à la variété des multiples coutumes, à la rivalité et à la confusion des juridictions, l'unité de la loi et l'uniformité des tribunaux. On peut croire qu'il n'avait pas entrevu dans son ensemble et dans tous ses détails, l'harmonie de la future organisation judiciaire qui, limitée à deux degrés de juridiction, assure une exacte appréciation des faits sans éterniser les différends, et, par la décisive autorité d'une cour régulatrice, garantit l'unité dans l'application du droit. Le système menacé ne lui semblait pas moins susceptible d'améliorations profondes, et quand, prenant la parole en faveur du chapitre de Remiremont, il essayait d'en obtenir le maintien, on ne pouvait pas accuser le procureur fiscal de présenter une défense intéressée ; car ses conclusions abandonnaient le droit de justice dont il considérait le sacrifice comme une manifeste nécessité.

Mais, une sincérité indépendante présidait à l'expression de ses convictions, et, chose digne de remarque, sa voix s'éleva parmi celles qui défendirent l'un des droits considérés comme les plus impopulaires, la dîme ecclésiastique perçue en nature. Dans une pétition adressée en 1790 « au Roi et à la nation », la ville de Remiremont se range au nombre des rares partisans d'une redevance généralement proscrite, et, sans rechercher la légitimité

de son principe, en sollicite le maintien dans l'intérêt local de la contrée. Bexon fut-il le rédacteur de
cette pétition? Se borna-t-il à inscrire sa signature
parmi celles des 38 notables qui l'adressèrent à
l'Assemblée nationale? La tradition du pays incline
vers la première affirmation.

C'est elle aussi qui rattache à la même initiative
l'écrit publié également en 1790 pour la défense
du chapitre de Remiremont sous ce titre : *le Cri
de la raison et de l'humanité*. Les vieux souvenirs
de l'histoire, l'origine illustre du chapitre, ses bienfaits attestés par la reconnaissance publique, la
légitimité de sa propriété qui se rattache avec la
fondation de Romaric aux premières années du
VII^e siècle, le patronage direct et persévérant accordé
au chapitre par les princes qui se sont disputé la
souveraineté du pays, ses droits consacrés de règne
en règne par leur serment et par la longue série
des traités internationaux, la générosité des sentiments qui sollicitent la conservation d'un asile ouvert aux filles d'une ancienne chevalerie si souvent
signalée par ses belles actions et son dévouement à
la patrie, Bexon invoque les considérations les plus
variées et les plus puissantes.

Que peuvent les souvenirs de l'histoire et la légitimité originaire des propriétés aux époques où les
transformations se précipitent? Ce que l'auteur appelait « le cri de la raison et de l'humanité » ne fut
pas entendu.

A la justice seigneuriale succédait donc à Remiremont la justice uniforme du droit commun. Signalé par son expérience et sa connaissance profonde du droit, Bexon avait sa place marquée au sein du tribunal d'arrondissement et, à la fin de 1790, il prononçait, comme commissaire du Roi, le discours qui installait les nouveaux magistrats.

La réforme du droit criminel était une de celles qui préoccupaient fortement les esprits. Bexon suivait avec une ardeur intelligente la direction générale de ces tentatives, et, par des publications successives, secondait l'établissement de mesures qu'il considérait comme de bienfaisantes améliorations. Il signalait l'utilité d'un tribunal de correction paternelle; il soumettait un mémoire au Gouvernement sur la forme de la procédure par jurés, institution dont il souhaitait vivement le développement en France.

Ces premiers efforts furent remarqués, et, en 1796, l'estime accordée à ses travaux l'appelait à présider le tribunal criminel de Paris; ce fut à Paris que, dans une courte période de temps, parurent ses trois principales publications.

Ce sont trois œuvres de jurisconsulte, trois œuvres austères dont, il faut bien l'avouer, ni l'élégance soutenue, ni même la lumineuse simplicité du style n'adoucissent la sévérité. On sent que Bexon se préoccupe surtout d'apporter son concours aux réformes nées sous ses yeux, de mettre à leur service les fruits d'un infatigable travail et les méditations d'un esprit ouvert aux innovations. Il a lui-même marqué le but assigné à son ambition dans l'épigraphe de son dernier ouvrage : « La gloire de l'écri- « vain est de préparer des matériaux utiles à ceux « qui gouvernent. »

Épigraphe trop modeste ! ce ne sont pas de simples matériaux que son esprit investigateur rassemble et publie en 1800 sous ce titre : *Parallèle du Code criminel de l'Angleterre avec les lois pénales françaises, et considérations sur les moyens de rendre celles-ci plus utiles.* De ce vaste travail de comparaison, résultat de patientes études, se dégagent des conclusions qui tendent toujours à l'amélioration de la loi française. Le patriotisme de Bexon est fier quand il trouve notre loi supérieure par un côté grave à la loi anglaise. S'il rencontre la peine de mort trop fréquemment inscrite dans la législation criminelle du pays voisin, il s'indigne de sévérités qui contrastent avec la douceur habituelle de nos mœurs, et la révolte d'un sentiment généreux lui dicte cette épigraphe empruntée à l'immortel auteur de l'*Esprit des lois :* « Lorsque la peine « est sans mesure, on est souvent obligé de lui pré- « férer l'impunité. » Mais, si notre loi était plus humaine, elle était plus inflexible et n'accordait qu'imparfaitement au juge le droit de mesurer la durée du châtiment au degré de gravité des fautes. Bexon insiste sur la nécessité d'une peine proportionnelle comme sur un principe fondamental et signale, pour en demander l'introduction dans notre pays, le pouvoir conféré au juge anglais de faire varier la durée de la peine en la proportionnant à la variété infinie des nuances qui accompagnent le délit.

La profondeur des connaissances que révélait cet ouvrage avait appelé sur son auteur l'attention du Gouvernement. Nommé en 1802 à l'une des vice-présidences du tribunal civil de la Seine, Bexon rencontra des devoirs nouveaux sans être détourné de ses études préférées sur le droit criminel, et cette nomination précédait de peu de mois la publication de son œuvre la plus considérable, qui a pour titre : *Développement de la théorie des lois criminelles par la comparaison de plusieurs législations anciennes et modernes, Rome, Angleterre, France, suivi de l'application de cette théorie dans un projet du Code criminel, correctionnel et de police.* Ce titre seul suffirait à indiquer l'objet, l'ensemble, le résultat de ce vaste travail. Bexon ne se borne pas à exprimer dans la deuxième partie, méthodiquement divisée en 1,015 articles, la formule de la loi dont sa pensée a préparé le projet. Il s'est d'abord attaché à en chercher et à en fixer la raison d'après l'étude comparée des législations anciennes adaptées aux temps actuels : c'est à l'œuvre restaurée de la justice pénale qu'il prêtera son concours. Les trois grands problèmes du droit criminel, ceux dont la bonne solution importe également à l'intérêt public, ont pour but de déterminer la forme de la poursuite, l'autorité chargée soit de la diriger, soit de la terminer, la peine réservée aux crimes ou aux délits. De ces trois difficiles problèmes, les deux premiers sont particulièrement l'objet de ses méditations, et la plupart des conclusions qu'il propose ont reçu la consécration de l'expérience et du temps. S'occupe-t-il des formes de l'instruction ? C'est pour s'attacher à celles dont l'accomplissement est une garantie nécessaire dans la recherche de la vérité, en supprimant le luxe des formalités secondaires, dont la loi de l'an IV s'était montrée trop prodigue. S'occupe-t-il des juridictions ? Le savant auteur, dans un tableau des plus curieux, décrit l'origine des divers tribunaux de l'Angleterre, leur organisation, leur compétence particulière ; mais il les décrit surtout pour les soumettre à une comparaison instructive, et, frappé par l'uniformité, l'égalité, la simplicité de l'organisation française, il n'éprouverait aucun embarras dans sa conclusion définitive, s'il ne rencontrait en Angleterre une institution dans laquelle se résume pour les Anglais la principale garantie de leur liberté civile, l'institution du jury. Bexon partage pour cette institution leur enthousiasme, non pas que son esprit judicieux consente à en étendre la compétence aux questions de droit civil étrangères, par leur complexité même, aux connaissances ordinaires des jurés et, par suite, à leur juridiction. Mais, confier à des juges tirés successivement en quelque sorte des entrailles du pays la mission de statuer sur des faits simples dont une raison droite suffit à constater l'existence, n'est-ce pas, dans l'administration de la justice criminelle, à des garanties raisonnables de lumières et d'indépendance ajouter la force et l'appui d'une légitime popularité ? Bexon salue de ses espérances une institution combattue en France, il l'avoue, par des circonstances qu'il juge accidentelles et temporaires, et son inquiète sollicitude cherche à en défendre l'avenir contre l'influence de trois causes peut-être plus durables de discrédit. La composition du jury formé, à l'origine, sans choix suffisant, d'un trop grand nombre de citoyens, pourrait faire courir un véritable péril aux intérêts de la société et des accusés eux-mêmes. Ne trouverait-on pas, dans l'application des listes d'éligibles, des garanties qui rassureraient cette première appréhension ? Une crainte non moins vive naît pour lui des droits étendus que l'esprit libéral de la loi française accorde à l'intervention de l'avocat. C'est, en Angleterre, une règle que, devant le jury, la défense de l'accusé est personnelle ; le concours de l'avocat, admis sans réserve pour la discussion des difficultés légales, se borne, dans l'examen du fait, à poser des questions aux témoins pendant le cours même de leurs dépositions. En France, le rôle de l'avocat est mélé au débat tout entier ; il discute, après l'audition des témoignages, l'ensemble des preuves, il a le privilége de la dernière parole. Au lieu d'établir, par des observations sommaires, l'enchaînement logique des faits, ne cherchera-t-il point à envahir la conscience des jurés par l'art d'une argumentation spécieuse ou par le mouvement d'une entraînante sensibilité ? Et cependant, l'intérêt de la défense est si sacré que l'on hésite à conseiller et que peut-être nos mœurs ne toléreraient pas sur ce point une importation de la loi anglaise. Ne trouverait-on pas peut-être un contre-poids au péril de cette influence dans la mission confiée par la loi au magistrat qui dirige le débat d'en présenter dans un tableau rapide le fidèle résumé ? La loi anglaise, qui circonscrit le rôle de l'avocat dans de plus étroites limites, fait du juge le défenseur naturel de l'accusé. La nôtre, après la clôture de discussions quelquefois passionnées, charge une parole impartiale de reproduire, dans une sommaire analyse, les raisons présentées par l'accusation et les moyens opposés par la défense. Le magistrat, investi de ce difficile ministère, saura-t-il toujours maintenir un exact équilibre entre ces deux grands intérêts ? Ne se laissera-t-il point entraîner à la manifestation d'un sentiment personnel qui pourrait exercer une influence fatale à l'institution même ? Enfin, la presse qui offre à la curiosité passionnée de l'opinion le récit émouvant des crimes ou des délits, qui en publie les détails et en recherche les causes avec les émotions rapides et les inexactitudes naturelles attachées au mouvement d'une publicité quotidienne, la presse laissera-t-elle l'esprit des jurés pris dans la localité même libre des impressions souvent dangereuses qui peuvent fausser leur jugement ? Préoccupations d'une prévoyance affectueuse, mêlée à la ferme espérance et au désir ardent de perpétuer parmi nous les bienfaits de la nouvelle institution. Il en aimait la publicité sans en craindre les effets funestes sur la moralité publique. Celui-là, disait-il, que le débat instruit au crime, n'a déjà plus besoin d'instruction.

On ne connaîtrait pas entièrement la valeur de l'ouvrage de 1802 si l'on n'y cherchait une idée générale sur les règles adoptées par Bexon dans la théorie des peines. Sa conscience réprouvait la peine du bannissement comme un attentat contre le droit des nations étrangères. Est-il permis de renvoyer à d'autres peuples les coupables dont la société juge nécessaire de se séparer ? — Son humanité se soulevait contre les applications multiples de la peine de mort, et, sans aborder d'ailleurs les grandes considérations de philosophie ou de nécessité sociale qui peuvent en légitimer ou en condamner le principe, il évoquait les souvenirs d'une récente et sanglante époque pour en souhaiter, au moins en matière politique, la suppression absolue. Fidèle à ses convictions sur le but de la loi pénale, principalement établie à ses yeux pour la correction du coupable, sa justice, sévère contre la récidive, considérait comme une cruauté inique la flétrissure ineffaçable imprimée sur le coupable condamné à une peine temporaire, et sa protestation appelait une réforme que le temps a consacrée. Ses vœux allaient plus loin encore et proposaient d'inscrire dans nos lois une disposition qui n'y a pas pris place, mais que s'est appropriée une législation voisine. Ne serait-il pas digne d'une grande nation de ne point laisser sans indemnité l'accusé poursuivi d'office dont un verdict absolu du jury aurait reconnu l'innocence ? Le jury ne pourrait-il être interrogé avec une précision qui ne permettrait sur la portée de son verdict aucune incertitude ? Si l'acquittement dû au simple doute qui profite toujours à l'accusé peut n'engager contre la société aucune obligation, le verdict absolu qui démontre l'erreur de l'accusation ne doit-il pas entraîner une autre conséquence, et les sentiments de générosité et de justice n'exigent-ils pas la réparation d'un préjudice aussi immérité ?

La renommée de Bexon avait franchi la frontière. Soumis à l'Académie des sciences et belles-lettres de Berlin, ce remarquable travail réunissait tous les suffrages et la grande médaille d'or en attestait le mérite par une éclatante consécration. A peine la publication à Paris en était-elle terminée qu'un nouvel honneur lui était réservé. Maximilien-Joseph, alors électeur, depuis roi de Bavière, avait pris la résolution de réformer dans ses États la législation pénale : ses regards se portèrent sur l'homme dont il estimait le concours particulièrement utile à l'accomplissement d'une entreprise si importante, et, en 1805, Bexon répondait à ce royal appel par l'envoi d'un projet manuscrit qu'il intitulait : *Application de la théorie de la législation pénale, ou Code de la sûreté publique et particulière.* C'est, dans un nouveau cadre, l'application des idées développées dans les deux précédents ouvrages, accompagnée d'une étude sur la nature des lois pénales considérées dans leurs rapports avec le climat, la fertilité ou la stérilité du pays, la civilisation, la religion établie, le caractère et les mœurs des habitants; précédée, sous le nom modeste d'introduction, d'une sorte de traité philosophique sur l'ordre public et sur le développement moral de l'homme, moyen le plus efficace d'en garantir le maintien. Prenant cette donnée pour guide, Bexon soumet à une savante analyse l'homme, ses facultés, ses inclinations, ses passions, la direction de sa volonté du côté du bien, du vrai et de l'utile, qui se confond toujours avec le vrai lui-même. Adepte du système philosophique que son siècle avait fait prévaloir, il affirme que l'homme doit être dirigé vers le bonheur et le bien-être; les lois doivent le conduire à ce but, mais dans des conditions qui assurent en même temps le bien-être universel. Ces conditions sont l'instruction, les habitudes morales, la religion, la bienfaisance, la bonne foi, l'honneur, longue et incomplète énumération qu'une philosophie plus profonde aurait pu remplacer par un seul mot : le devoir imposé par une loi supérieure à l'homme et prise en dehors de lui.

De tels services rendus à la science et par la science à la société pouvaient autoriser l'espérance d'une légitime récompense, et c'est presque au moment où se produisait, en 1807, ce dernier fruit de longues méditations qu'un acte imprévu brisait la carrière du magistrat et portait du même coup la plus grave atteinte à la loi fondamentale qui en garantissait la stabilité. Une disposition expresse de la Constitution du 22 frimaire an VIII portait : « Les juges autres que les juges de paix conserveront « leurs fonctions toute leur vie, à moins qu'ils ne « soient condamnés pour forfaiture ou qu'ils ne « soient pas maintenus sur les listes d'éligibles. » Les vicissitudes politiques, en supprimant les listes d'éligibles, avaient fait disparaître cette dernière condition et semblaient, par suite, avoir définitivement consolidé le siége du magistrat. Mais, que peut l'interprétation la plus naturelle au gré de certaines impatiences ? Ce fut dans la suppression même des listes d'éligibles qu'une complaisance trop ingénieuse rencontra un spécieux prétexte pour enlever à la magistrature la garantie de son indépendance et frapper ceux des fonctionnaires dont le caractère pouvait gêner un pouvoir absolu. Ne serait-il pas légitime de rétablir, dans leurs effets, ces listes d'éligibles supprimées dans leur principe, et de substituer au droit d'élimination que pouvaient indirectement exercer les suffrages de l'opinion publique un travail de révision exécuté, avant le 1er mars 1808, par une commission de six sénateurs que nommerait l'Empereur lui-même? Suggérée par l'esprit fécond de Cambacérès, cette combinaison devint une des bases du sénatus-consulte organique du 12 octobre 1807, sénatus-consulte voté, suivant l'expression de Bexon, pour rendre les juges destituables comme un organe de la constitution qui les rendait inamovibles. La commission irresponsable à laquelle avait été dévolu ce pouvoir discrétionnaire soumit à la sanction de l'Empereur le résultat de ses délibérations et, le 24 mars 1808, dans le décret général sur l'institution de la magistrature n'était pas compris le nom de Bexon. Le magistrat était, donc enlevé à sa fonction, frappé sans avoir été entendu, dans le secret d'une délibération contre laquelle aucun recours n'était ouvert. Séparé de la magistrature à un âge où elle pouvait encore attendre de lui de longs services, Bexon se fit inscrire comme avocat au barreau de Paris sans rechercher d'ailleurs l'activité d'une nouvelle carrière, et, découragé par une disgrâce

inattendue, laissa s'écouler dans une modeste retraite, à Chatou, les années qui lui restaient. Une
dernière fois il reprit la plume, lorsqu'en 1814 la
chute de l'empire eut rendu à la parole sa liberté, et
dans deux brochures publiées presque simultané-
ment sous une commune inspiration , il fit en-
tendre la revendication de deux droits unis entre
eux dans sa pensée par le lien le plus étroit. Il
réclame d'abord la suppression de la censure si ce
n'est pour les pièces de théâtre dont la moralité
doit être soumise à un préalable examen ou contre
les libelles qui déchirent l'honneur du citoyen, et,
par une application du même principe, le rétablis-
sement de la liberté dans la publication des jour-
naux et des livres sous la responsabilité des auteurs
et l'action répressive des tribunaux chargés d'en
contenir les écarts. Cette réclamation contre de
récents abus était, à quelques jours de distance,
suivie d'une autre revendication sous ce titre pi-
quant : *Du Pouvoir judiciaire en France et de son
inamovibilité, considérations sur la proposition du
sénatus-consulte du 12 octobre 1807, perdues ce
jour sur le grand escalier du Sénat, trouvées par
M. Bexon, ancien magistrat, mais que la liberté
de la presse ne pouvait permettre d'imprimer alors.*
Personne ne pouvait s'attendre que sa parole éle-
vée publiquement sur cette grande question laissât
sans protestation la mesure individuelle dont il
avait si cruellement souffert. L'allusion s'y ren-

contre, mais avec des accents sobres et discrets, et la généralité des aperçus donne plus de force à la défense du principe au nom duquel il proteste. Fidèle à sa constante méthode, il en demande la confirmation à l'histoire et montre la règle de l'inamovibilité consacrée dans les vieilles ordonnances des rois à remonter à Charles VI, environnée d'un constant respect, sauf les rares violences des crises politiques, l'ancienne magistrature protégée d'ailleurs dans son indépendance, tantôt par la puissance de l'hérédité des offices, tantôt par l'influence de la vénalité même, c'est-à-dire de la richesse, toujours par le pouvoir qu'assuraient aux grandes corporations du parlement l'étendue de leurs ressorts, la variété de leurs attributions, le prestige de leurs décisions souveraines. Combien l'inamovibilité n'est-elle pas plus nécessaire à la magistrature moderne renfermée dans le devoir plus étroit de se consacrer exclusivement à l'administration de la justice ! Si l'on veut considérer le seul intérêt de la corporation, ne voit-on pas qu'en échange de ses travaux et de ses services, le magistrat n'a pas à attendre du long exercice de ses fonctions les biens de la fortune ? Peut-on espérer qu'il recherchera volontiers les austères devoirs de cette difficile carrière, s'il ne peut compter au moins sur la sécurité de son avenir ? Et si l'on s'élève à de grandes considérations d'intérêt public, comment ne pas reconnaître que, par le fait de son serment, le magistrat devient l'homme de la loi? Il appartient à la société; en défendant son indépendance, elle défend ses plus chers intérêts. La loi confie à ses lumières et à sa ferme impartialité la fortune, la liberté, l'honneur, la vie même des citoyens; n'a-t-elle pas l'impérieux devoir de le protéger contre les périls attachés à l'exercice de ce redoutable ministère? Doit-elle le laisser exposé à la crainte soit des ressentiments particuliers, soit même des exigences du pouvoir? L'opinion seule de l'influence que cette crainte pourrait exercer sur sa décision ne serait-elle pas de nature à en diminuer le respect? Le maintien de son indépendance est donc pour tous les citoyens un intérêt supérieur, et quelle peut être la garantie de l'indépendance sans l'inamovibilité? Le sénatus-consulte de 1807 avait en quelque sorte créé deux catégories de magistrats, les uns maintenus sur leurs siéges après le travail de révision, à titre définitif, les autres soumis, à partir de 1808, à une épreuve de cinq années pendant lesquelles leur institution conservait un caractère conditionnel et provisoire. Bexon s'élève contre cette inégalité introduite au sein d'une même magistrature : la condition d'une épreuve, dit-il, fait perdre le sentiment de l'indépendance et produit dans l'opinion du magistrat et du public un amoindrissement contraire à la dignité de la fonction.

Après cette revendication des droits de la magistrature, Bexon se renferma dans des études moins connues, réservées aux différentes compagnies dont il était membre. L'Athénée des arts, la Société des lettres, sciences et arts, la Société des sciences de Paris, l'avaient jugé digne de partager leurs travaux. Au sein de cette dernière compagnie, il avait rencontré parmi ses collègues le prince de Condé, dont la fille avait été la dernière abbesse du chapitre de Remiremont. A la mort du prince, en 1819, la Société académique des sciences lui confia l'honneur de prononcer son éloge et fournit à l'ancien procureur fiscal l'occasion de reporter sa pensée aux souvenirs du pays natal et de confondre, dans l'expression de ses respectueux hommages, les représentants de deux générations. Peu d'années après, Bexon mourait dans sa retraite de Chatou, le 17 novembre 1825.

La science du droit criminel en France avait trouvé en lui un utile auxiliaire et un ardent propagateur : la Bavière avait demandé et obtenu le concours de ses lumières ; l'Italie à son tour voulut profiter de ses travaux. Le volume in-folio sur l'application des lois pénales imprimé en 1807 eut, en 1830, à Naples, l'honneur d'une traduction accompagnée d'un examen critique dont l'auteur témoigne pour Bexon l'estime la plus haute. Il le compare aux écrivains classiques dont le génie a laissé de véritables monuments : Montesquieu, Beccaria, Filangieri, Bentham. Bexon, par la lumineuse distribution de ses Codes, par la sûreté de ses principes, par l'humanité de ses décisions, lui paraît digne d'être placé au rang de ces éminents esprits. Si l'époque à laquelle ses œuvres ont été écrites et les progrès accomplis depuis 1802 dans la législation pénale en France n'ont pas maintenu parmi nous le nom de Scipion Bexon à cette hauteur, si la valeur réelle de la pensée n'a pas toujours été soutenue par l'élégance et le charme du style, Bexon n'a pas moins le droit d'être compté parmi les enfants qui ont honoré la Lorraine et dont il était juste de rappeler le souvenir à la reconnaissance du pays.

Nancy. impr. Berger-Levrault et Cie.

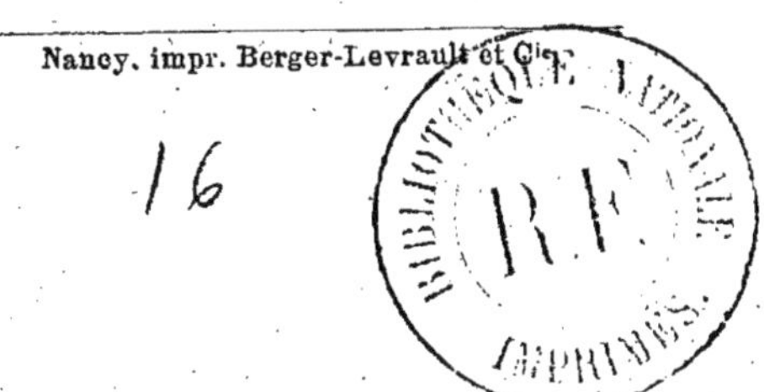